Die Wahl zum Deutschen Bundestag

Die Divisor-Republik

Was bewirke ich mit meinem Kreuzchen bei der Bundestagswahl ?

„Extraleicht"

AF171580

2017

von Dr. Gerhard Walter

Inhaltsverzeichnis: Seiten

1.	Hinweise zur Geschichte	5 - 7
2.	Struktur der Bundesrepublik Deutschland	8
3.	Hinweise zum Grundgesetz	9
4.	Organe der Macht	10
5.	Der Bundestag	11-54
5.1.	Die Adresse des Bundestages	11
5.2.	Wer wählt den Bundestag?	12
5.3.	Bundeswahlgesetz	12-13
5.4.	Wie kommt man in den Bundestag?	14-16
5.5.	Überhangmandate, Ausgleichsmandate	17-19
5.6.	Wie finde ich die Wahlergebnisse?	20
5.7.	Wie finde ich meinen Wahlkreis?	21-23
5.8.	Erststimmenwert des Direktmandates	24-25
5.9.	Gesamtzahl der Stimmen	26-28
5.10.	Parteien im Deutschen Bundestag	29
5.11.	Berechnung der Mandate (Schritte 1-4)	30-54
6.1.	Quellen	55
6.2.	Abschlussbemerkung	56

Dieser Buchtext sowie die zugehörigen Bilder bzw. Tabellen sind vollumfänglich urheberrechtlich geschützt bzw. ordnungsgemäß zitiert und deklariert. Die dadurch ausgelösten Rechte, insbesondere die der Übersetzung, des Nachdruckes, des Vortrags, der Entnahme von Textstellen bzw. Abbildungen, der Rundfunksendung oder der Vervielfältigung auf anderen Wegen (z. B. eBook, Smartphone, Internet, Twitter, Facebook o. a.) und der Speicherung in Datenverarbeitungsanlagen (EDV bzw. Servern und Computern bzw. sonstigen Festplattenspeichertools bzw. cloud computing und sozialen Medien), bleiben, auch bei nur teilweiser bzw. auszugsweiser Nutzung, vollumfänglich vorbehalten. Eine Vervielfältigung dieses Buches oder von Auszügen dieser Arbeit ist auch im Einzelfall nur in den Grenzen der gesetzlichen Bestimmungen des geltenden Urheberrechtsgesetztes der Bundesrepublik Deutschland (BRD) vom 9. September 1965 in der aktuell jeweils geltenden Fassung gestattet. Nutzung bzw. Vervielfältigungen sind grundsätzlich vergütungspflichtig und erfordern schriftliche Rücksprache. Zuwiderhandlungen unterliegen den jeweils geltenden Strafbestimmungen des Urheberrechtsgesetzes.

Die Wiedergabe von verwendeten Begriffen bzw. Zitaten (ggf. Gebrauchsnamen, Handelsnamen, Warenbezeichnungen usw.) in dieser Arbeit berechtigt auch ohne besondere Kennzeichnung nicht zu der Annahme, dass solche Namen oder Begriffe im Sinne der Warenzeichen – und Markenschutz-Gesetzgebung als frei zu betrachten wären und daher von jedermann frei benutzt werden dürfen.

Impressum:

Bibliographische Informationen der Deutschen Nationalbibliothek: Die Deutsche Nationalbibliothek verzeichnet diese Publikation in der Deutschen Nationalbibliografie; detaillierte bibliografische Daten sind im Internet über http://dnb.dnb.de abrufbar.

© **2017** Dr. med. Gerhard Walter
Herstellung und Verlag:
BoD - Books on Demand, Norderstedt
ISBN **9783741284960**

Alle Rechte liegen beim Autor
Umschlaggestaltung: Dr. med. G. Walter
E-mail-address: dr.g.walter@t-online.de

internet: http://www.divisorrepublik.de

1. Hinweise zur Geschichte

Die Bundesrepublik Deutschland (BRD) wurde am 23.05.1949 gegründet, also 1.477 Tage nach dem Ende des 2. Weltkrieges (08.05.1945).
Als „Verfassung" der Bundesrepublik gilt das **Grundgesetz** für die Bundesrepublik Deutschland.

Eine tatsächlich juristisch gültige **Verfassung** kann nur ein souveräner Staat haben. Die Souveränität der BRD ist eingeschränkt (12.09.1990 „2+4-Vertrag in Moskau zw. BRD und DDR sowie den 4 Alliierten: USA, Frankreich, England, Russland): die 4 wichtigsten Einschränkungen aus diesem Vertrag sind (russischer Historiker Alexei Fenenko; s. Quellen):

1. Verbot der Volksentscheide über militärisch-politische Fragen des Landes.

2. Deutschland hat kein Recht, den Abzug der ausländischen Truppen aus Deutschland zu verlangen bzw. zu fordern.

3. Deutschland wird verboten, außenpolitische Entscheidungen zu treffen, ohne dies zuvor mit den Siegermächten abzusprechen.

4. Die Truppenstärke der Bundeswehr ist auf höchstens 370.000 Soldaten zu beschränken (vor 1990 lag die Grenze bei 500.000).

Die ehemalige Deutsche Demokratische Republik (DDR) trat dem Geltungsbereich des Grundgesetzes am 03.10.1990 bei.

Die höchsten Ämter des deutschen Staates sind wie folgt dem Rang nach geordnet:

1. Bundespräsident (Staatsoberhaupt)

2. Präsident des Deutschen Bundestages

3. Bundeskanzler

4. Präsident des Bundesrates.

2. Struktur der Bundesrepublik Deutschland

Die BRD wird aus 16 Ländern (Bundesländern) gebildet.

1. Baden-Württemberg
2. Bayern
3. Berlin
4. Brandenburg
5. Bremen
6. Hamburg
7. Hessen
8. Mecklenburg-Vorpommern
9. Niedersachsen
10. Nordrhein-Westfalen
11. Rheinland-Pfalz
12. Saarland
13. Sachsen
14. Sachsen-Anhalt
15. Schleswig-Holstein
16. Thüringen

3. Hinweise zum Grundgesetz: die Machtbasis

Geregelt werden Rechtsstaatlichkeit und parlamentarische Demokratie u. a. über den **Artikel 20** des Grundgesetzes. Dieser besagt:

1. Die Bundesrepublik Deutschland ist ein demokratischer und sozialer Bundesstaat.

2. **Alle Staatsgewalt geht vom Volke aus**. Sie wird vom Volke in Wahlen und Abstimmungen und durch besondere Organe der Gesetzgebung, der vollziehenden Gewalt und der Rechtsprechung ausgeübt.

3. Die Gesetzgebung ist an die verfassungsgemäße Ordnung, die vollziehende Gewalt und die Rechtsprechung sind an Gesetz und Recht gebunden.

4. **Gegen jeden, der es unternimmt, diese Ordnung zu beseitigen, haben alle Deutschen das Recht zum Widerstand, wenn andere Abhilfe nicht möglich ist.**

4. Organe der Macht

Zu den „besonderen Organen der Gesetzgebung" gehören insbesondere der **Bundestag** und der **Bundesrat**. In diesen Organen werden die Gesetze gemacht, die dann meist Auswirkungen auf alle Bürger haben.

Im Bundesrat wirken die 16 Länder bei der Gesetzgebung und Verwaltung des Bundes sowie in Angelegenheiten der Europäischen Union mit.

Der Bundestag ist das Parlament und damit gesetzgebendes Organ der Bundesrepublik Deutschland (erste Sitzung: am 07.09.1949).

Das Parlament tagt jetzt im Reichsgebäude in Berlin (Ortsteil Tiergarten, Bezirk Mitte).

5. Der Bundestag

5.1. Die Adresse

Die Anschrift des Deutschen Bundestages ist:

Deutscher Bundestag

Platz der Republik 1

11011 Berlin

Telefon: +49 (0)30 227 0

E-Mail: mail@bundestag.de

5.2. Wer wählt den Bundestag?

Der Bundestag wird als einziges Verfassungsorgan der Bundesrepublik Deutschland vom Staatsvolk, also den Staatsbürgern, **direkt** gewählt.

5.3. Hinweise zum Bundeswahlgesetz

Die Einzelheiten zur Bundestagswahl sind im Bundeswahlgesetz (**BWahlG** oder **BWG**) geregelt.

Die wichtigsten Punkte des Bundeswahlgesetzes sind:

1.

Das Wahlrecht hat jeder Deutsche, der das **18. Lebensjahr** vollendet hat.

2.

Wählbar ist in der Regel jeder Deutsche, der das **18. Lebensjahr** vollendet hat.

3.

Die Wahl ist frei, gleich und geheim.

4.

Zum Bundeskanzler kann man ab dem **18. Lebensjahr** gewählt werden.

5.4. Wie kommt man in den Bundestag?

Die Voraussetzung zur Berücksichtigung einer Partei (mit Bundestagsabgeordnetensitzen) im Bundestag ist es, dass diese Partei mindestens 5 % der im Wahlgebiet abgegebenen **Zweitstimmen** erhalten hat oder in mindestens 3 Wahlkreisen ein Direktmandat (also 3 Direktmandate) errungen hat

(Quelle: Der Bundeswahlleiter, Wiesbaden 2016).

Der Bundesbürger kann entweder über ein Direktmandat direkt mit der Mehrheit der Wahlbezirksstimmen in den Bundestag gewählt werden oder er kann über die jeweilige Landesparteiliste einer Partei, die berücksichtigt werden musste (mindestens 5 % der abgegebenen Zweitstimmen oder mindestens 3 Direktmandate) einen Sitz im Bundestag erringen.

Der Bürger, der in den Bundestag gewählt wird, ist dann Bundestagsabgeordneter

(**MdB** = Mitglied des Bundestages).

Die gesetzliche Anzahl der Bundestagsabgeordneten beträgt **598**.

Die gesamte Bundesrepublik Deutschland wird bei den Bundestagswahlen in **299** Wahlkreise aufgeteilt.

Die Zahl **598** setzt sich aus 2 Komponenten zusammen (2 x 299 = 598):

1. über das sogenannte <u>Personenwahlrecht</u> werden 299 Bundestagsabgeordnete vom Wahlvolk in den Bezirken direkt persönlich von den Bürgern mit ihrer **Erststimme** in den Bundestag gewählt. Diese Bundestagsabgeordneten benötigen hierzu in ihrem Wahlkreis **die Mehrheit der Stimmen** der dortigen Bürger.

2. über das sogenannte <u>Verhältniswahlrecht</u> erhalten die einzelnen politischen Parteien gemäß dem Anteil ihrer vom Wahlvolk erhaltenen **Zweitstimmenzahl** weitere 299 Sitze im Bundestag, die die Parteien gemäß ihrer Landesparteilisten, die sie aus ihren Parteimitgliedern gebildet haben, vergeben.

Es werden also 299 Bundestagsabgeordnete direkt vom Staatsvolk in den Bundestag mit der Erststimme gewählt. Weitere 299 Bundestagsabgeordnete erhalten über die Listen ihrer Parteien einen Sitz im Bundestag (**Wahlsystem der personalisierten Verhältniswahl**).

Für den Bürger bedeutet dies, dass er mit seiner Erststimme eine bestimmte Person (die meist auch Mitglied einer Partei ist) direkt in den Bundestag wählen kann, sofern diese Person die Mehrheit der Stimmen der Bürger in seinem Wahlkreis erringt.

Desweiteren kann der Bürger mit seiner Zweitstimme einer Partei eine weitere Stimme geben. Kann die Partei genügend dieser Zweitstimmen auf sich vereinigen (mindestens 5 % der insgesamt abgegebenen gültigen Zweitstimmen), dann ist es ihr möglich gemäß ihrer Kandidatenliste entsprechend viele Bundestagssitze an ihre intern gewählten Parteimitglieder zu vergeben.

5.5. Überhangmandate, Ausgleichsmandate

Aufgrund der Kombination aus Personenwahl und Verhältniswahl ist es möglich, dass eine Partei zum Beispiel mehr Direktmandate in den Wahlkreisen erhält als ihr eigentlich Mandate im Bundestag nach dem Zweitstimmenergebnis zuständen. Diese Zusatzmandate nennt man Überhangmandate. Der Grund ist, dass man einem Bürger, der in einem Wahlkreis die Mehrheit der Stimmen bekommen hat, nicht den Zutritt in den Bundestag als Bundestagsabgeordneter verwehren kann. Diese Überhangmandate gab es bis 2009 **ohne** Ausgleich für die anderen Parteien.

Durch die Überhangmandate ergab sich somit rechnerisch bezüglich des repräsentativen Elementes der Demokratie ein gewisser Nachteil für die Parteien, die keine Überhangmandate errungen hatten.

Aus diesem Grunde führte man ab der Wahl im Jahre 2013 die sogenannten zusätzlichen **Ausgleichsmandate** ein (gemäß Wahlrechtsreform vom 21.02.2013). Ziel ist es, dass die

Mandatsverteilung insgesamt dem Verhältnis der abgegebenen Stimmen entsprechen soll und somit („repräsentative") **Wahlgerechtigkeit** hergestellt werden soll.

Aus diesen Gründen erhöht sich die Zahl der Bundestagsabgeordneten über die gesetzlich vorgeschriebene Zahl von 598 hinaus. Da die Wahl von 2013 insgesamt **4 Überhangmandate** für die CDU erbrachte, wurden zum Ausgleich weitere **29 Ausgleichsmandate** vergeben (das heißt: das 7,25 fache der Überhangmandate). Somit erhöhte sich die Zahl der Bundestagsabgeordneten

von 598 auf 631 Bundestagsabgeordnete

(598 + 4 + 29 = 631).

Da ein Bundestagssitz zur Zeit (Stand 2016) unbesetzt ist (Wechsel der Bundestagsabgeordneten Katherina Reiche in die Wirtschaft, ohne dass ein Nachfolger gefunden werden konnte), befinden sich momentan insgesamt 630 Bundestagsabgeordnete im Deutschen Bundestag.

Die Zahl der Bundestagsabgeordneten im Deutschen Bundestag setzen sich also gemäß der Wahl zum 18. Deutschen Bundestag (in 2016) wie folgt zusammen:

299 Mandatssitze über die Personenwahl

299 Mandatssitze über die Verhältniswahl

   4 Überhangmandate durch Direktmandate

 29 Ausgleichsmandate

  1 Bundestagssitz unbesetzt

= **630 Bundestagsabgeordnete** (2016)

5.6. Wie finde ich die Wahlergebnisse?

Die jeweils letzten amtlichen Wahlergebnisse zum Deutschen Bundestag (z. B. für 2013) finde ich leicht mit 3 clicks über das internet:

1. www.bundeswahlleiter.de

    (Quelle: Der Bundeswahlleiter, Wiesbaden, 2016).
2. Bundestagswahlen
3. Bundestagswahl 2013
4. Endgültiges Bundesergebnis

5.7. Wie finde ich meinen Wahlkreis?

Auch meinen Wahlkreis kann ich über das internet leicht finden:

1. www.bundeswahlleiter.de
2. Bundestagswahlen
3. Bundestagswahl 2013
4. endgültige Wahlkreisergebnisse
5. z. B. Bayern
6. z. B. Wahlkreis 246 - Roth

Hier kann ich dann alle relevanten Daten über meinen Wahlkreis erfahren. Die Wahlkreise sind, da es ja hiervon 299 gibt, durchnummeriert von 1 – 299.

Wenn ich meinen Wahlkreis gefunden habe, steht dabei auch die Nummer meines Wahlkreises.

Wohne ich zum Beispiel in Bayern im Wahlkreis Roth, so sehe ich, dass dieser die Nummer 246 hat.

Ich sehe im Wahlkreisergebnis die Einzelergebnisse für die Parteien und sehe auch, wieviele Wahlberechtigte es gab (in unserem obigen Fall in 2013: 226.102).

Ferner sehe ich auch, wieviele Wähler tatsächlich gewählt haben (hier: 168.765). Darüber hinaus findet sich die Zahl der gültigen Stimmen (hier: 167.199) und die ausgerechnete Wahlbeteiligung (74,6 %).

Vorsorglich sei darauf hingewiesen, dass es immer Sinn macht, sich **die absoluten Zahlen** anzuschauen und sich nicht auf die meist angegebenen Prozentzahlen zu verlassen. Die absoluten Zahlen machen vieles sehr viel deutlicher. Prozentzahlen erhöhen meist die Intransparenz.

Es sei auch darauf hingewiesen, dass für die **Bundestagswahl im Jahr 2017** die Wahlkreise wieder teilweise neu strukturiert wurden, so dass sich auch zahlenmäßig leichte Abweichungen zur Wahl von 2013 ergeben.

Dies findet sich über die Website www.bundeswahlleiter.de unter dem Stichpunkt (Quelle: Der Bundeswahlleiter, Wiesbaden 2016).

„Neue Wahlkreiseinteilung" für 2017:

Danach verteilen sich die 299 Wahlkreise auf die 16 Länder wie folgt:

Land	Wahlkreis-Nr.	Anzahl Wahlkreise
Schleswig-Holstein	1 bis 11	11
Mecklenburg-Vorpommern	12 bis 17	6
Hamburg	18 bis 23	6
Niedersachsen	24 bis 53	30
Bremen	54 und 55	2
Brandenburg	56 bis 65	10
Sachsen-Anhalt	66 bis 74	9
Berlin	75 bis 86	12
Nordrhein-Westfalen	87 bis 150	64
Sachsen	151 bis 166	16
Hessen	167 bis 188	22
Thüringen	189 bis 196	8
Rheinland-Pfalz	197 bis 211	15
Bayern	212 bis 257	46
Baden-Württemberg	258 bis 295	38
Saarland	296 bis 299	4

5.8. „Erststimmenwert" des Direktmandates

Warum ist das wichtig? Das Direktmandat in Roth (Wahlkreis 246) errang 2013 Frau Marlene Mortler (CSU) mit **84.618** Erststimmen (50,6 % der Erststimmen).

Vergleicht man dies nun mit dem Wahlkreis 075 (Berlin Mitte), sieht man, dass dieses Direktmandat Frau Dr. Eva Alexandra Ingrid Irmgard Anna Högl (SPD) gewonnen hat. Sie benötigte allerdings hierfür nur **39.360** Erststimmen (28,3 % der Erststimmen).

Deutlich wird, dass es offensichtlich Wahlkreise gibt, wo man relativ viele Erststimmen für das Direktmandat in den Deutschen Bundestag benötigt (z. B. Wahlkreis 246: 84.618 Erststimmen) und andererseits auch Wahlkreise existieren, wo unter Umständen sehr viel weniger Erststimmen erforderlich sind (z. B. Wahlkreis 075: 39.360 Erststimmen).

Oder vereinfacht ausgedrückt: je nach Konstellation ist es möglich, dass ich für ein Direktmandat z. B. nur die Hälfte der Erststimmen benötige, die in einem anderen Wahlkreis erforderlich wären.

Kritisch könnte man somit anmerken, dass sich der „Wert" bzw. der **„Erststimmenwert"** eines Direktmandates von Wahlkreis zu Wahlkreis erheblich unterscheiden kann. Denn es ist doch ein Unterschied, ob ich für 84.618 Bürger oder nur für 39.360 Bürger spreche bzw. gewählt bin. Andersherum gesehen ist die Stimme des Bürgers im Wahlkreis 075 etwa doppelt so viel „wert" gewesen wie die Stimme im Wahlkreis 246.

Der „Erststimmenwert" eines Direktmandates wird allerdings nirgendwo berücksichtigt. Habe ich ein Direktmandat im Deutschen Bundestag erworben, dann habe ich dort **eine Stimme**. Dies ist unabhängig davon, wieviele Erststimmen für das Direktmandat erforderlich waren.

5.9. Gesamtzahl der Stimmen

Auch dies kann ich über das internet problemlos erfahren:

1. www.bundeswahlleiter.de

   (Quelle: Der Bundeswahlleiter, Wiesbaden, 2016).
2. Bundestagswahl
3. Bundestagswahl 2013
4. endgültiges Bundesergebnis

Sie erhalten dann die unten stehende Tabelle, aus der Sie problemlos die Ergebnisse im Einzelnen entnehmen können.

(Quelle: Der Bundeswahlleiter, Wiesbaden 2016).

Bundesergebnis Endgültiges Ergebnis der Bundestagswahl 2013 ©2015 Der Bundeswahlleiter

Gegenstand der Nachweisung	Erststimmen			Zweitstimmen		
	Anzahl	%	Diff. zu 2009 in %-Pkt.	Anzahl	%	Diff. zu 2009 in %-Pkt.
Wahlberechtigte	61.946.900	-	-	61.946.900	-	-
Wähler	44.309.925	71,5	0,7	44.309.925	71,5	0,7
Ungültige	684.883	1,5	-0,2	583.069	1,3	-0,1
Gültige	43.625.042	98,5	0,2	43.726.856	98,7	0,1
CDU	16.233.642	37,2	5,2	14.921.877	34,1	6,9
SPD	12.843.458	29,4	1,5	11.252.215	25,7	2,7
FDP	1.028.645	2,4	-7,1	2.083.533	4,8	-9,8
DIE LINKE	3.585.178	8,2	-2,9	3.755.699	8,6	-3,3
GRÜNE	3.180.299	7,3	-1,9	3.694.057	8,4	-2,3
CSU	3.544.079	8,1	0,7	3.243.569	7,4	0,9
PIRATEN	963.623	2,2	2,1	959.177	2,2	0,2
NPD	635.135	1,5	-0,3	560.828	1,3	-0,2
Tierschutzpartei	4.437	0,0	-0,0	140.366	0,3	-0,2
REP	27.299	0,1	-0,0	91.193	0,2	-0,2
ÖDP	128.209	0,3	0,0	127.088	0,3	-0,0
FAMILIE	4.478	0,0	-0,0	7.449	0,0	-0,3
Bündnis 21/RRP	5.324	0,0	-0,1	8.578	0,0	-0,2
RENTNER	920	0,0	0,0	25.134	0,1	-0,1
BP	28.430	0,1	-0,0	57.395	0,1	0,0
PBC	2.081	0,0	-0,0	18.542	0,0	-0,1
BüSo	17.988	0,0	-0,0	12.814	0,0	-0,1
DIE VIOLETTEN	2.516	0,0	-0,0	8.211	0,0	-0,1
MLPD	12.904	0,0	-0,0	24.219	0,1	-0,0
Volksabstimmung	1.748	0,0	-0,0	28.654	0,1	0,0
PSG	-	-	-	4.564	0,0	0,0
AfD	810.915	1,9	1,9	2.056.985	4,7	4,7
BIG	2.680	0,0	0,0	17.743	0,0	0,0
pro Deutschland	4.815	0,0	0,0	73.854	0,2	0,2
DIE RECHTE	-	-	-	2.245	0,0	0,0
DIE FRAUEN	-	-	-	12.148	0,0	0,0
FREIE WÄHLER	431.640	1,0	1,0	423.977	1,0	1,0
Nichtwähler	-	-	-	11.349	0,0	0,0
PARTEI DER VERNUNFT	3.861	0,0	0,0	24.719	0,1	0,1
Die PARTEI	39.388	0,1	0,1	78.674	0,2	0,2
B	624	0,0	0,0	-	-	-
BGD	1.431	0,0	0,0	-	-	-
DKP	1.899	0,0	0,0	-	-	-
NEIN!	290	0,0	0,0	-	-	-
Übrige	77.306	0,2	-0,2	-	-	-

Hier ersieht man leicht, dass 2013 bei insgesamt **61.946.900 Wahlberechtigten** nur 44.309.883 wählen gingen (Wahlbeteiligung: 71,5 %). Da aber immerhin 583.069 Zweitstimmen (1,3 % der abgegebenen Stimmen) ungültig waren, gab es **nur 43.726.856 gültige Zweitstimmen**. Bei den Erststimmen sieht es ähnlich aus.

Das bedeutet aber auf der anderen Seite, dass 17.637.017 Wähler ihre Zweitstimme nicht abgegeben haben (28,5 %). Dies wird dann bei der Vergabe der Bundestagsmandate nicht berücksichtig. Die „Partei der Nichtwähler" wäre eigentlich gemessen an den Zweitstimmen die zweitstärkste Partei vor der SPD und nach der CDU im Deutschen Bundestag geworden. Die ihr zustehenden Bundestagsabgeordnetensitze bzw. Mandate müssten eigentlich **leer** bleiben. Denn nur dann könnte man im Bundestag auch **optisch** sehen, wie groß der Anteil der Nichtwähler tatsächlich ist. Dies hätte allerdings auch zur Folge, dass die jetzt im Bundestag vertretenen Parteien deutlich weniger Mandate für ihre Parteiangehörigen hätten. Für den Staatsbürger würde der Bundestag dann aber auch „kostengünstiger", da weniger Parlamentarier bezahlt werden müssten.

5.10. Parteien im Deutschen Bundestag

Die Parteien im Deutschen Bundestag der 18. Wahlperiode dürften hinlänglich bekannt sein:

CDU Christlich-demokratische Union

SPD Sozialdemokratische Partei Deutschlands

CSU Christlich-soziale Union

GRÜNE

DIE LINKE

Die Sitzverteilung seit 2013 ist derzeit noch wie folgt:

CDU	255 Sitze (1 Sitz derzeit vakant)
SPD	193 Sitze
DIE LINKE	64 Sitze
GRÜNE	63 Sitze
CSU	56 Sitze

5.11. Die Berechnung der Mandate

Grundsätzlich geht man möglicherweise davon aus, dass die Errechnung der Mandate, also die Umrechnung von Wählerstimmen in Bundestagssitze einfach und transparent ist.

Weit gefehlt: die Umrechnung der Wählerstimmen in Mandate ist seit dem 09.10.2013 neu geregelt (Aktuelle Mitteilung des Bundeswahlleiters vom 09.10.2013; Quelle: Der Bundeswahlleiter, Wiesbaden 2016) und erfolgt in 2 Verteilungsstufen mit jeweils 2 Rechenschritten: also in insg. **4 Schritten**. Dieses Verfahren hat natürlich auch einen mindestens ebenso komplizierten Namen, den sich niemand wirklich merken kann (**Verfahren Sainte-Laguë/Schepers**). Herr Sainte-Laguë war ein französischer Mathematiker und Herr Schepers ein deutscher Physiker (der u. a. auch im Bundestag saß).

Bei der Sitzverteilung kommen, wie wir wissen, nur Parteien zum Zuge, die

1. **mindestens 5**% der abgegebenen Zweitstimmen erreicht haben

oder

2. **in mindestens 3 Wahlkreisen** der insgesamt 299 Wahlkreise **ein Direktmandat** errungen haben.

Der Bundeswahlleiter erläutert in seiner „Aktuellen Mitteilung des Bundeswahlleiters vom 09.10.2013" die 4 Verfahrensschritte:

Schritt 1:

Zunächst wird die Anzahl der Bundestagssitze berechnet, die einem jeden Bundesland zustehen. Entscheidend hierfür ist die **Gesamtanzahl der Deutschen**, die in diesem jeweiligen Bundesland gerade ihren Wohnsitz haben. Diese Zahl kann natürlich von Wahl zu Wahl Schwankungen unterworfen sein. „In jedem Bundesland wird pro Sitz <u>in etwa</u> die gleiche Anzahl Personen benötigt." (bundeswahlleiter.de). „Man teilt die **Anzahl der Deutschen** durch einen geeigneten Wert („**Divisor**"), so dass in Summe die Sitzkontingente der Bundesländer genau 598 Sitze ergeben." (Quelle: Der Bundeswahlleiter, Wiesbaden 2016). (Verfahren nach Sainte-Laguë/Schepers.)

Der **Divisor** (also die Zahl, durch die zunächst die Gesamtanzahl der Deutschen im jeweiligen Bundesland geteilt wird) muss so gewählt werden, dass anschließend nach kaufmännischer Rundung eben die zu vergebende Zahl von <u>genau</u> 598 Sitzen erreicht wird. Die Zahl der Deutschen in den einzelnen Bundesländern muss entsprechend natürlich bekannt sein.

Quelle: Der Bundeswahlleiter, Wiesbaden 2016.

Start der Divisorermittlung: **74.324.165 : 598**

Land	Deutsche Bevölkerung 31.12.2012	Divisor siehe unten	Sitze ungerundet	Sitze gerundet
Schleswig-Holstein	2.686.085		21,65	22
Mecklenburg-Vorpommern	1.585.032		12,78	13
Hamburg	1.559.655		12,57	13
Niedersachsen	7.354.892		59,29	59
Bremen	575.805		4,64	5
Brandenburg	2.418.267		19,49	19
Sachsen-Anhalt	2.247.673		18,12	18
Berlin	3.025.288	:124.050	24,39	24
Nordrhein-Westfalen	15.895.182		128,14	128
Sachsen	4.005.278		32,29	32
Hessen	5.388.350		43,44	43
Thüringen	2.154.202		17,37	17
Rheinland-Pfalz	3.672.888		29,61	30
Bayern	11.353.264		91,52	92
Baden-Württemberg	9.482.902		76,44	76
Saarland	919.402		7,41	7
Insgesamt	74.324.165			598

Angegebener Divisor (alle Länder): **124.050**

(**Einfache** Division von 74.324.165 Deutschen durch 598 Sitze ergäbe den „Divisor": **124.287**).

Würde man also nur den einfach verständlichen Divisor **124.287** nehmen, der sich einfach aus der Division der Gesamtanzahl der Deutschen durch die zu vergebenden Mandate von 598 ergibt, so erhielte man folgendes Bild:

Land	Sitze ungerundet	**Sitze gerundet**
Schleswig-Holstein	21,61	**22**
Mecklenburg-Vorpommern	12,75	**13**
Hamburg	12,55	**13**
Niedersachsen	59,18	**59**
Bremen	4,63	**5**
Brandenburg	19,45	**19**
Sachsen-Anhalt	18,08	**18**
Berlin	24,34	**24**
Nordrhein-Westfalen	127,89	**128**
Sachsen	32,23	**32**
Hessen	43,35	**43**
Thüringen	17,33	**17**
Rheinland-Pfalz	29,55	**30**
Bayern	91,35	**91 (!)**
Baden-Württemberg	76,30	**76**
Saarland	7,4	**7**
Insgesamt		**597**

Es zeigt sich, dass bei der „einfachen" Divisorberechnung nur 597 Sitze zunächst vergeben würden. Bei der „komplizierten" Divisorberechnung werden zwar 598 Sitze vergeben, aber 1 Sitz wird Bayern zusätzlich zugeordnet. Das heißt, dass Bayern von der komplizierten Berechnung des Divisors in 2013 **als einziges Land** profitiert hat. Bei allen anderen wäre die Sitzzuordnung identisch geblieben.

Wollte man nun diesen einen Sitz gemäß der „einfachen" Divisorberechnung ebenfalls noch zuordnen, hätte man diesen Sitz dem Land zuordnen können, das (bei einfacher Divisorberechnung) hinter dem Komma am nächsten an die kaufmännische **0,50 – Schwelle** der Länder gekommen wäre, die abgerundet wurden. Das wäre in diesem Falle Brandenburg gewesen mit 19,**45**. Brandenburg hätte dann 20 Sitze bekommen und nicht wie geschehen 19 Sitze. Jetzt kann man darüber streiten, ob dieser zu vergebende Sitz eher Bayern oder doch eben eher Brandenburg zugestanden hätte.

Wie man in der derzeit noch gültigen obigen Liste sieht, entfallen aber z. B. auf **Bayern** 92 Sitze (bei angegebenen 11.353.264 Deutschen).

Die Sitze werden also:

• ohne die Anzahl der Nicht-Deutschen (5.726.902 zum 31.12.2012; Statistisches Bundesamt, Fachserie 1, Reihe 2, 2012; Wiesbaden 2016), aber

• mit der Gesamtanzahl der Deutschen, also nicht nur mit der Anzahl der wahlberechtigten deutschen Staatsbürger, berechnet.

Dies sieht man an der Angabe „Start der Divisorermittlung: 74.324.165", wobei 74.324.165 die Zahl aller Deutschen am 31.12.2012 ist. Die Zahl der Wahlberechtigten war ja für die Wahl zum Deutschen Bundestag 2013: **61.946.900**.

Somit bleiben natürlich 12.377.265 Deutsche (nämlich die nicht wahlberechtigten Deutschen) bei der Wahl unberücksichtigt: das sind insgesamt **16,65** % der Deutschen.

Dies macht Sinn, denn die nicht wahlberechtigten Deutschen müssen ja von den Bundestagsabgeordneten mit vertreten werden. Allerdings darf man sich wahltechnisch keine Illusionen machen: die Nicht-Deutschen werden bei der Wahl ebenfalls nicht berücksichtigt. Es handelt sich hierbei immerhin um ca. 6 Millionen Menschen (Stand 2013), die eben keine deutschen Staatsbürger sind, aber in Deutschland leben.

Insgesamt bleiben also bei der Wahl (2013) zum einen die Nicht-Deutschen (5.726.902) als auch die nicht wahlberechtigten Deutschen (12.377.265) wahltechnisch <u>unberücksichtigt</u>: also immerhin 18.104.167 Menschen.

Gemäß den Angaben des Statistischen Bundesamtes lebten in der BRD am 31.12.2015 bereits 9.107.893 ausländische Mitbürger (s. Anhang unter Quellen; Statistisches Bundesamt). Im Jahr 2013 erwarben die deutsche Staatsangehörigkeit 111.910 Personen (s. Anhang unter Quellen; Statistisches Bundesamt; Wiesbaden 2016).

Im Jahre 2014 gab es in Deutschland 1.633.000 Menschen mit 2 Staatsangehörigkeiten. 1.545.000 Menschen hiervon hatten die **deutsche** Staatsangehörigkeit (s. Anhang unter Quellen, Statistisches Bundesamt; Wiesbaden 2016). Davon waren 1.040.000 Bürger über 18 Jahre. Die Zahl der Wahlberechtigten war ja für die Wahl zum Deutschen Bundestag 2013: **61.946.900**. Die Zahl der wahlberechtigten Deutschen mit doppelter Staatsbürgerschaft betrug also (in 2014) ca. **1,68** % aller Wahlberechtigten. Sollte dieser Personenkreis sich für das Land, in dem sie wählen wollen, entscheiden müssen? Oder sollte es so sein, dass dieser Personenkreis zwar zwei Staatsbürgerschaften haben kann, sich aber für das Land, in dem sie wählen wollen, entscheiden müssen, so dass sie am Ende tatsächlich nur in einem Land wählen könnten? Dass diese Frage nicht ganz unberechtigt ist, kann man vor allem daran erkennen, dass heutige demokratische Wahlen oft mit sehr knappen Wahlergebnissen ausgehen.

Schritt 2:

Die Parteien eines jeden Bundeslandes stellen in der jeweiligen **Landesvertreterversammlung** zur jeweiligen Bundestagswahl jeweils ihre eigene **Landesliste** auf, welche die gemäß Parteimeinung geeigneten Parteimitglieder der Reihe nach listet.

Die für das jeweilige Land errechnete Anzahl der Bundestagssitze (aus Schritt 1) muss dann auf die Parteien eines jeden Landes, die berücksichtigt werden müssen, verteilt werden.

Entscheidend sind hier nur noch die **Zweitstimmen**, die bei der Wahl für eine Partei in diesem Land abgegeben wurden. Hierzu wird dann ein anderer geeigneter **Divisor** gewählt. Hat ein Land zum Beispiel ein Anrecht auf 17 Bundestagssitze (z. B. Thüringen in 2013), so müssen diese 17 Bundestagssitze unter Berücksichtigung der Zweitstimmen verteilt werden. Bei dieser Berechnung werden dann also nur noch die **gültigen** abgegebenen Zweitstimmen berücksichtigt. Zum Beispiel für **Thüringen**:

Start der Divisorermittlung: 1.025.123 : 17

Partei	Zweit-stimmen	Divisor	Sitze ungerundet	Sitze gerundet
CDU	477.283	:60.000	7,95	8
DIE LINKE	288.615		4,81	5
SPD	198.714		3,31	3
GRÜNE	60.511		1,01	1
insges.	**1.025.123**			**17**

Quelle: Der Bundeswahlleiter, Wiesbaden 2016.

Der Divisor aus Schritt 2 ist allerdings eine völlig andere Zahl als der Divisor aus Schritt 1 (Ziel ist immer das errechnete Sitzkontingent exakt zu erreichen). Nähme man den „einfachen" Divisor(1.025.123:17=60.301,35) ergäbe sich hier **keine** Änderung der Sitzverteilung.

Aber: die **Divisorqualität** hat sich dramatisch verändert. Die Berechnung des ersten Divisors berücksichtigt alle Deutschen bzw. Bürger mit deutscher Staatsangehörigkeit, die Berechnung des zweiten Divisors berücksichtigt nur noch die gültig abgegebenen Zweitstimmen der Deutschen bzw. deutschen wahlberechtigten Bürger, die zur Wahl gegangen sind. Dies wiederum ist praktisch eine Art „Systemwechsel".

P. S.: diejenigen, die einen ungültigen Wahlzettel abgeben, werden nicht berücksichtigt und haben somit auch keinen Einfluss auf den Ausgang der Wahl. Sie gehen aber in die **Wahlbeteiligung** ein.

Im 2. Schritt wird die bundesweite **Mindestsitzzahl** errechnet, die einer Partei zugeordnet werden müssen.

„Ausschlaggebend ist entweder die nach Zweitstimmen ermittelte Sitzzahl oder die Anzahl der gewonnenen Wahlkreise einer jeden Landesliste. Der höhere Wert zählt."

(Aktuelle Mitteilung des Bundeswahlleiters vom 09.10.2013)(Quelle: Der Bundeswahlleiter, Wiesbaden 2016).

Dies bedeutet folgendes: wie aus dem obigen Beispiel von Thüringen ersichtlich, hätte die CDU nach Berücksichtigung der Zweitstimmen, die für diese Partei abgegeben wurde, 8 CDU-Sitze für Thüringen errungen. Tatsächlich hat in 2013 die CDU aber mit den Erststimmen in Thüringen 9 Direktmandate gewonnen. Da der höhere Wert der beiden am Ende zählt, mussten für Thüringen 9 Sitze für die CDU zugeteilt werden. Der letzte Sitz entspricht also dem sogenannten „**Überhangmandat**". Die CDU hatte in 2013 in Thüringen also 1 Überhangmandat gewonnen.

Diese Überhangmandate aus allen Ländern für alle Parteien müssen zu der gesetzlich vorgeschriebenen Sitzzahl von 598 hinzugezählt werden. Entsprechend ergaben sich für 2013 insgesamt 602 Sitze im Deutschen Bundestag: es lagen also 4 Überhangmandate vor (598 + 4 = 602 Sitze).

Für 2013 galt:

598 Sitze gesetzlich vorgeschrieben
　4 Sitze für die Überhangmandate

602 Sitze insgesamt.

Das wäre dann die **garantierte Mindestsitzzahl**.

Die CSU in Bayern hatte in 2013 insgesamt 45 Wahlkreise gewonnen. Gemäß den errungenen Zweitstimmen standen der CSU aber 56 Sitze zu. Da aber die Regel gilt: „**Der höhere Wert zählt**", konnten der CSU in Bayern nur die 56 Sitze (aus den Zweitstimmen) zugesprochen werden.

Insgesamt bleibt es also zunächst bei der garantierten Mindestsitzzahl von 602 Sitzen.

Wir merken uns:

in die **garantierte Mindestsitzzahl** gehen neben den rechtlich vorgeschriebenen Sitzen (598) auch die ermittelten Überhangmandate mit ein (die dann entstehen, wenn die Anzahl der gewonnenen Direktmandate in den Wahlkreisen eines Landes die Zahl der zuzuteilenden Sitze auf die Landeslisten der Parteien, die sich aus den abgegebenen gültigen Zweitstimmen ergeben würden, übersteigt).

Leider ist aber das Sitzverteilungsverfahren hier noch nicht zu Ende. Es folgen noch Schritt 3 und Schritt 4.

Schritt 3:

Folge aus Schritt 1 und 2 ist, dass die rechtlich vorgesehene Sitzzahl (598 Sitze) in der Regel erhöht werden muss (zunächst um die Überhangmandate), um jeder Partei ihre garantierte Mindestsitzzahl zukommen zu lassen. Am Ende heißt das, dass der Bundestag „größer" wird (bezogen auf die Sitzzahl).

Mit Schritt 3 soll nun das Prinzip verwirklicht werden, dass „jede Partei pro Sitz in etwa die gleiche Anzahl Stimmen benötigt", da „**ausschlaggebend das Verhältnis der Zweitstimmen der Parteien sein soll**" (Quelle: Der Bundeswahlleiter, Wiesbaden 2016). Für die Sitzverteilung im Deutschen Bundestag müssen also 2 Bedingungen erfüllt sein:

1. Jede Partei erhält ihre **garantierte Mindestsitzzahl** (rechtlich vorgeschriebene Sitze + ggf. Überhangmandate)

2. Sitzverteilung im Verhältnis der bundesweit errungenen **Zweitstimmen** der Parteien.

Hätte man die in 2013 errechneten 602 Sitze nach dem gewählten Verfahren (Verfahren von Sainte-Laguë/Schepers) verteilt, hätte nicht jede Partei die garantierte Mindestsitzzahl bekommen. Da dies aber erforderlich ist (um die Bedingungen zu erfüllen), muss die Sitzzahl so lange erhöht werden, bis jede Partei genau die garantierte Mindestsitzzahl erreicht. Hierzu ist dann wieder **ein dritter Divisor** vonnöten. Im Ergebnis erhöht sich die Sitzzahl im Deutschen Bundestag erneut. In 2013 ergaben sich hierdurch zu den 602 Bundestagssitzen rechnerisch weitere 29 Bundestagssitze, so dass in Summe der Bundestag von 2013 insgesamt 631 Bundestagssitze hatte und hat. Diese zusätzlichen 29 Mandate nennt man dann „**Ausgleichsmandate**", eben weil sie einen (repräsentativen und keinen direkten) Ausgleich schaffen sollen.

„Die Ausgleichsmandate sind erforderlich, damit jede Partei pro Sitz in etwa die gleiche Anzahl Zweitstimmen benötigt."

(Quelle: Der Bundeswahlleiter, Wiesbaden 2016).

Man könnte auch formulieren:

die durch die Überhangmandate begünstigten Elemente einer <u>direkteren Demokratie</u> werden durch die konsekutive Hinzufügung der Ausgleichsmandate wieder zugunsten einer <u>repräsentativeren Demokratie</u> verwässert und je nach Meinung überkompensiert, auch wenn die Dinge rein rechnerisch so ihre Richtigkeit haben dürften.

Schritt 4

Die jeder Partei bundesweit zustehende Sitzzahl setzt sich also aus **3 Elementen** bzw. Sitzzahlen zusammen:

1. Sitze aus rechtlich vorgeschriebener Sitzzahl
2. Überhangmandate
3. Ausgleichsmandate.

Hierfür ergab sich in 2013 eine Bundestagsgesamtsitzzahl von 631 Sitzen.

„Ausschlaggebend ist die Anzahl der Zweitstimmen. Aber es dürfen nicht weniger Sitze auf die jeweilige Landesliste entfallen, als die Partei Wahlkreise gewonnen hat."

(Quelle: Der Bundeswahlleiter, Wiesbaden 2016).

Damit ist dann die Sitzzahl pro Partei (2013) bundesweit bekannt.

Auf Bundesebene ergeben sich insgesamt 631 Sitze und für die Parteien folgende Sitzzahlen:

Partei	Mindest-sitzzahl	Zweit-stimmen	Divisor	Sitze ungerundet	Sitze gerundet	Ausgleichs-mandate
CDU	242	14.921.877		255,42	255	13
SPD	183	11.252.215		192,61	193	10
DIE LINKE	60	3.755.699	: 58.420	64,29	64	4
GRÜNE	61	3.694.057		63,23	63	2
CSU	56	3.243.569		55,52	56	-
insges.	602	36.867.417			631	29

(Quelle: Der Bundeswahlleiter; Wiesbaden 2016)

Diese jetzt bekannten <u>631 Sitze</u> müssen auf die jeweiligen Landeslisten der Parteien verteilt werden.

„Dies erfolgt abermals durch Teilung der Zweitstimmen durch einen geeigneten Divisor. Für jede Partei wird ein eigener Divisor ermittelt."

(Quelle: Der Bundeswahlleiter, Wiesbaden 2016).

Da jede Landesliste mindestens so viele Sitze erhalten muss, wie sie Wahlkreise gewonnen hat, können sich die Anzahl der Zweitstimmen, die pro

Sitz benötigt werden, zwischen den Landeslisten einer Partei jedoch **stärker unterscheiden**.

Dies sei gezeigt am Beispiel der **CDU** bei der Bundestagswahl 2013 (bundeswahlleiter.de)

Insgesamt ergibt sich für die CDU folgende Verteilung auf die Landeslisten: Start der Divisorermittlung: 14.921.877 : 255

Land	Zweitstimme	Divisor	gerundet	Sitze Wahlkreissitze	Maximum aus Wkr u. LL.
Schleswig-Holstein	638.756		11	9	11
Mecklenburg-Vorpommern	369.048		6	6	6
Hamburg	285.927		5	1	5
Niedersachsen	1.825.592		31	17	31
Bremen	96.459		2	-	2
Brandenburg	482.601		8	9	9
Sachsen-Anhalt	485.781		8	9	9
Berlin	508.643	: **59.500** =	9	5	9
Nordrhein-Westfalen	3.776.563		63	37	63
Sachsen	994.601		17	16	17
Hessen	1.232.994		21	17	21
Thüringen	477.283		8	9	9
Rheinland-Pfalz	958.655		16	14	16
Baden-Württemberg	2.576.606		43	38	43
Saarland	212.368		4	4	4
Bayern	0		0	0	0
Insges.	14.921.877			191	255

(Quelle: Der Bundeswahlleiter; Wiesbaden 2016; Bayern ergänzt: die **CDU** trat in Bayern <u>nicht</u> zur Bundestagswahl an; stattdessen tritt in Bayern die **CSU an**).

Nehmen wir aus der obigen Liste Hessen und Thüringen als Beispiel:

In Hessen wurden 1.232.994 Zweitstimmen für die CDU abgegeben. In Thüringen waren es 477.283 Zweitstimmen. Teilt man diese Zweitstimmen jetzt durch die zugeteilten Bundestagssitze (am Ende der Bundestagssitzaufteilungsberechnung) so sieht man folgendes:

	gültige Zweitstimmen	zugeteilte Sitze	errechnete Zweitstimmen **pro Sitz**
Hessen	1.232.994	21	58.714
Thüringen	477.283	9	53.031

Differenz bei	den Zweitstimmen	**5.683**

Es ergibt sich rechnerisch eine Differenz von insgesamt 5.683 Stimmen. Das sind ca. 10 % Zweitstimmenunterschied **pro Sitz für dieselbe Partei je nach Bundesland**.

~ 51 ~

Das heißt:

ein CDU-Bundestagsabgeordnetensitz in Thüringen benötigte in 2013 ca. 10 % Zweitstimmen **weniger** als ein Bundestagsabgeordnetensitz der CDU in Hessen (nämlich ebendiese 5.683 Stimmen).

Oder andersherum ausgedrückt:

Je nach Bundesland kann es passieren, dass allein aufgrund der **Divisor-Systematik** ein Bundestagsabgeordnetensitz je nach Bundesland in derselben Partei **ca. 10** % an Zweitstimmen **mehr oder weniger** benötigt. Und diese „ca. 10 %" können dann in der Realität mal schnell bis zu mehreren Tausend Zweitstimmen ausmachen (im obigen Fall: 5.683 Zweitstimmen-Unterschied von Bundestagsmandat zu Bundestagsmandat).

Man könnte auch so formulieren: ein Bundestagsabgeordnetensitz der CDU in Hessen ist (in 2013) ganze 5.683 Zweitstimmen **„mehr wert"** als in Thüringen. Damit wird dann ja wohl auch der folgende Grundsatz in Frage gestellt:

~ 52 ~

„Die Ausgleichsmandate sind erforderlich, damit jede Partei pro Sitz in etwa die gleiche Anzahl Zweitstimmen benötigt."

(Quelle: Der Bundeswahlleiter, Wiesbaden 2016).

Insgesamt wäre doch aus demokratischer Sicht zu wünschen, dass sowohl der Stimmenwert der jeweiligen Direktmandate als auch der jeweilige Stimmenwert der Zweitstimmenmandate auch mathematisch deutlich besser zugeteilt werden und nicht mehrere Tausend Wählerstimmen oder mehr Unterschied bereits in derselben Partei ausmachen können.

Ferner wäre zumindest zu fordern, dass der Stimmenwert eines Mandates transparent für alle Bürger offengelegt wird, so dass jeder Bürger, wenn er das denn möchte, den Stimmenwert eines Mandates sofort erkennen kann, ohne eventuell irgendwelche mathematischen Berechnungen anstellen zu müssen, die er nur dann durchführen kann, wenn er alle Details exakt kennt. Optimal wäre sicher z. B.:

Herr M. Mustermann hat bei der Bundestagswahl xx.xxx Erststimmen (wenn es ein Direktmandat ist) oder zugeteilte yy.yyy Zweitstimmen (wenn es ein Landesparteilistenmandat ist) erhalten.

Es ist eben ein gravierender Unterschied, ob ich für ein Direktmandat für den Deutschen Bundestag nur etwa die Hälfte der Erststimmen benötige wie ein anderer oder eine andere Abgeordnete/r (im selben Bundestag); oder ob ich ein Zweitstimmenmandat über die Landesliste einer Partei mit ca. 10 % weniger Zweitstimmen in einem Bundesland erringen kann als ein/e Abgeordnete/r derselben Partei in einem anderen Bundesland.

Tausende Bürgerstimmen Unterschied sind doch wohl ein Argument.

Sonst bleibt es eben nur eine **Divisor-Republik!**

6.1. Quellen

www.wikipedia.de

www.bundestag.de

www.bundeswahlleiter.de

https://www.youtube.com/watch?v=vjf3WMzPvpY (Friedensvertrag: Deutschland): russischer Historiker Alexei Fenenko)

www.destatis.de (Statistisches Bundesamt, Wiesbaden 2016):

https://www.destatis.de/DE/ZahlenFakten/GesellschaftStaat/Bevoelkerung/MigrationIntegration/AuslaendischeBevolkerung/Tabellen/Bundeslaender.html

https://www.destatis.de/DE/Publikationen/StatistischesJahrbuch/Bevoelkerung.pdf?__blob=publicationFile

https://www.destatis.de/DE/Publikationen/Thematisch/Bevoelkerung/MigrationIntegration/Migrationshintergrund2010220147004.pdf?__blob=publicationFile

6.2. Abschlussbemerkung:

Anspruch auf Vollständigkeit der mitgeteilten Daten wird in keinem Falle erhoben. Alle Daten wurden aus öffentlich jedermann leicht zugänglichen Quellen gewonnen und sorgfältig gesichtet. Eine Garantie oder Haftung hierfür wird in keinem Falle übernommen. Sollten wider Erwarten Rechte Dritter verletzt worden sein, bitte ich das umgehend mitzuteilen, um Abhilfe schaffen zu können.

Kritik oder Anregungen nehme ich gerne entgegen über:

e-mail-address:

dr.g.walter@t-online.de